AF234190

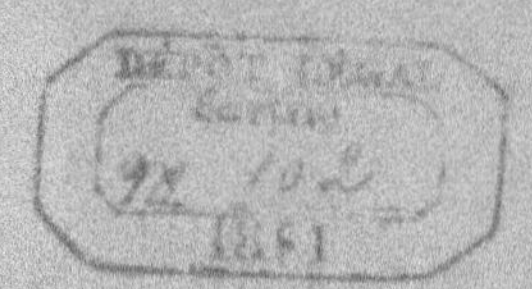

VILLE DU MANS

THÉATRE

CAHIER DES CHARGES

LE MANS

ERNEST LEBRAULT, IMPRIMEUR DE LA MAIRIE

4, rue Auvray, 4

—

1881

VILLE DU MANS

THÉATRE

CAHIER DES CHARGES

LE MANS
ERNEST LEBRAULT, IMPRIMEUR DE LA MAIRIE
4, rue Auvray, 4
—
1891

THÉATRE

CAHIER DES CHARGES

Article Premier.

Le Directeur aura la jouissance exclusive et gratuite du Théâtre tel qu'il a été jusqu'à ce jour affecté à l'entreprise Théâtrale ainsi que des décors, machines, meubles et objets mobiliers qui s'y trouvent renfermés et qui sont la propriété de la Ville. La durée de la concession sera de deux ans, néanmoins si le Directeur par suite d'infractions aux conditions du Cahier des charges était frappé d'une retenue égale au dixième de la subvention au cours de la première année, l'Administration municipale serait en droit d'exiger la résiliation du traité à la fin de cette année.

Pendant les représentations, bals, concerts, conférences, etc., l'Adjudicataire du droit de vendre des consommations au foyer du Théâtre aura seul le droit de servir des rafraîchissements dans toute partie du Théâtre non affectée aux appartements privés du Directeur, du Concierge et du Machiniste.

Jouissance du Théâtre
et du mobilier.

Article 2.

Interdiction de louer ou de prêter lesdits objets

Le Directeur ne pourra dans aucun cas louer ou prêter, à qui que ce soit, ni déplacer tout ou partie des objets dont la jouissance lui est concédée. Nulle modification ne pourra être apportée aux décors sans l'autorisation de M. le Maire.

Article 3.

État des lieux et inventaire

Au moment de son entrée en jouissance il sera dressé contradictoirement avec lui par l'Architecte-Voyer ou un expert désigné par l'Administration un état de lieux des bâtiments formant l'objet de la concession.

En même temps il sera procédé à un inventaire descriptif et estimatif des décors, machines, meubles et objets mobiliers quelconques renfermés dans lesdits bâtiments.

Article 4.

Jouissance des Objets concédés. — Entretien. — Prime d'assurance.

Le Directeur usera des objets dont la jouissance lui est accordée en bon père de famille. A cette condition la Ville continuera de prendre à sa charge l'entretien des bâtiments, du matériel et des décors ainsi que la prime d'assurance contre l'incendie.

Article 5.

Remise des lieux après la jouissance.

A la fin de la jouissance du concessionnaire, il sera procédé dans les mêmes formes à un récolement d'état de lieux et inventaire.

Il devra remettre les lieux dans l'état où il les aura reçus et remplacer ou réparer les objets mobiliers manquants ou détériorés par sa faute, sans toutefois être tenu à la même obligation pour ceux qui viendraient à périr par vétusté ou seraient détériorés par le simple usage.

— 5 —

Article 6.

Nonobstant la concession mentionnée en l'article 1ᵉʳ ci-dessus, l'Administration municipale se réserve, sans indemnité envers le Directeur, de disposer de la Salle de spectacle.

1° Pour les fêtes publiques, s'il y a lieu ;

2° Pour les bals, concerts, etc., organisés en faveur des pauvres ;

3° Pour le concert gratuit donné chaque année ;

4° Pour matinées ou soirées musicales, conférences, etc... données pendant l'exploitation du Théâtre, en dehors des heures ordinaires de représentation. Si des répétitions pour concerts donnés gratuitement par la Ville étaient nécessaires, elles pourraient être données également les jours autres que ceux des représentations.

Le Directeur communiquera à l'Administration toutes les demandes qui lui seraient adressées par des Troupes de passage. Il devra accepter, en moyenne, six de ces demandes pendant la Saison d'hiver et ne pourra réclamer qu'une somme maximum de 450 fr. pour location de la Salle.

Pendant la clôture du Théâtre, si le Directeur concède le droit de jouer à des Troupes de passage il ne pourra exiger que 250 fr. par représentation, gaz compris.

Les frais de gaz, assurances, service de pompiers, etc., seront toujours à la charge des Troupes de passage. Ces Troupes ne pourront élever le prix des places du Parterre que de 0 fr. 25. Les Troisièmes resteront toujours à 0 fr. 75.

Réserve pour disposer de la Salle en certains cas.

Article 7.

Le Directeur sera tenu chaque année de donner une représentation gratuite et une représentation au bénéfice des pauvres ; ces représentations n'auront pas lieu aux jours ordinaires de représentation. L'orchestre devrait son concours gratuit pour cette dernière représentation, si l'Administration décidait une représentation d'opéra, d'opéra-comique ou d'opérette.

Représentations gratuites.

L'Administration fixera le jour de ces représentations et désignera les ouvrages à représenter en choisissant parmi ceux au courant du répertoire.

Les dégradations qui résulteraient des représentations gratuites resteront à la charge de la Ville.

Les frais de ces représentations fixés à la somme de 180 fr. seront portés au Budget de chaque exercice et remboursés au Directeur aussitôt après la représentation.

Article 8.

Loge de la Mairie. — L'Administration se réserve en outre en toutes occasions l'entrée libre et gratuite du Théâtre pour le Maire et ses Adjoints. A cet effet, la Loge de la Mairie demeurera exclusivement affectée à leur usage.

Ladite Administration aura également le droit, sans aucune rétribution pour leur entrée de faire les honneurs de la Loge municipale aux personnes qu'elle croira devoir inviter.

Article 9.

Loge de la Préfecture. — La Loge d'avant-scène des Premières faisant face à celle de la Mairie sera constamment tenue par le Directeur à la disposition de M. le Préfet de la Sarthe au prix des Premières de face.

Article 10.

Loge du Général. — La Loge de face des Premières sera mise à la disposition de M. le Général en chef commandant le 4e corps d'armée, s'il la réclame au commencement de chaque saison, et au prix des Loges de face.

Article 11.

Places pour le Médecin du Théâtre, l'Officier de service, le Capitaine des Pompiers. — Quatre places seront réservées dans la Loge des Premières, la plus rapprochée de la Loge de la Mairie ; le n° 1 sera occupé par le Médecin du Théâtre ; le n° 2, par l'Officier de service ; le n° 3, par M. l'Architecte-Voyer, et le n° 4, par M. le Directeur des Eaux. Les autres places pourront être louées par le Directeur.

Le Capitaine des pompiers aura droit à un Fauteuil d'orchestre, les officiers à deux Stalles.

La Baignoire la plus rapprochée du Théâtre, à gauche, en regardant la Scène, est réservée pour les Pompiers de service. Le banc placé en avant est affecté à M. le Commissaire central, à Messieurs les Commissaires de police et à leurs agents. *(pour les Commissaires et Agents de police, pour le Commissaire central, etc., etc...)*

M. le Directeur du Gaz et les Employés nécessaires au service auront un droit simple de circulation dans la Salle. Le droit d'entrée est personnel et ne peut être délégué.

Les aides-machinistes ou figurants ne pourront pénétrer dans la Salle ou à l'orchestre des musiciens.

La Baignoire la plus rapprochée du Théâtre à droite, sera grillée et réservée pour les femmes de maison.

Article 12.

MM. les officiers de la garnison auront la faculté en payant demi-rétribution de se placer aux Premières et aux Fauteuils d'orchestre. *(Places de MM. les Officiers et Sous-Officiers.)*

MM. les sous-officiers pourront en payant aussi demi-rétribution se placer aux Secondes et au Parterre.

MM. les officiers et sous-officiers n'auront droit de retenir des places en location qu'en payant place entière.

MM. les sous-officiers devront se placer aux deux Loges de Secondes joignant les Avant-scènes et au Parterre.

Article 13.

Les deux Loges d'avant-scènes des Secondes situées au-dessus de celles réservées à la Mairie et à M. le Préfet, ne pourront être louées au mois ou à l'année qu'avec l'agrément de l'Administration municipale qui pourra, si elle le juge convenable, faire en tout temps résilier sans indemnité le traité de location intervenu. *(Réserve pour les deux Loges d'avant-scènes, des secondes.)*

Article 14.

Avis à donner aux pompiers pour le service.

Le Directeur sera tenu de faire prévenir exactement et par écrit au moins 24 heures à l'avance, M. le Capitaine de la Compagnie de Sapeurs-pompiers des jours où il sera fait relâche et de toutes les représentations qui devront avoir lieu, hors des jours ordinaires.

Article 15.

Précautions contre l'incendie.

Il fera tenir constamment remplis d'eau salée les réservoirs disposés au Théâtre pour les secours en cas d'incendie.

Il fera nettoyer avec soin tous les mois les cheminées, calorifères ou tuyaux de poêles, le Directeur devra exécuter également toutes mesures nouvelles de sûreté qui lui seront prescrites.

Le tout sous peine de 25 fr. d'amende pour chaque contravention à l'une des deux prescriptions ci-dessus, sans préjudice de plus amples dommages et intérêts s'il y a lieu.

Article 16.

Surveillance des Agents d'assurances.

Conformément aux conditions imposées par les Polices d'assurance, passées avec les Compagnies du Soleil et la Nationale, les Directeurs de ces Compagnies et les Inspecteurs en tournée auront toujours leur entrée libre dans la Salle et ses dépendances pour la surveillance qu'ils ont le droit d'exercer.

Article 17.

Soins de propreté.

Le Concessionnaire fera battre les sièges de la Salle au moins deux fois par mois, balayer après chaque représentation les vestibules, les corridors, le parterre, les loges, le théâtre, les foyers, les escaliers et lieux communs, et tous les jours, le péristyle du théâtre, désinfecter les lieux d'aisances, en un mot, il devra prendre les mesures nécessaires pour maintenir le tout dans le plus grand état de propreté.

Toute négligence à ce sujet sera punie d'une amende de 5 francs par jour.

Chaque lendemain de représentation, le Directeur fera nettoyer le vestibule des escaliers conduisant à la scène ; ces escaliers dans toute leur étendue, l'orchestre des musiciens, le foyer des acteurs et leurs loges, le Théâtre dans toute son étendue et le magasin aux accessoires.

Le Directeur est également tenu de faire débarrasser le Théâtre aussitôt après chaque représentation de tout le matériel et des accessoires ayant servi dans la soirée.

Article 18.

Le chauffage et l'éclairage de la Salle et de toutes les dépendances du Théâtre se feront sous la surveillance des agents de l'Administration municipale par les soins et aux frais du Directeur qui recevra pour le service de l'Éclairage une indemnité de 50 francs par représentation jusqu'à concurrence des cent représentations prévues par l'article 27.

En cas de contravention, d'insuffisance d'éclairage ou de chauffage, le Directeur subira une amende de 50 francs par contravention.

Article 19.

La Ville restera chargée des traitements fixés du machiniste et du concierge dont les rapports avec le Directeur sont déterminés par le règlement du 24 mai 1852. Le Directeur payera par chaque représentation au concierge l'émolument fixé par cet arrêté.

Désormais le nombre ordinaire des aides-machinistes sera fixé à douze ; six recevront une indemnité de 2 fr. par représentation et six une indemnité de 0 fr. 75 ; soit un total de 16 fr. 50 par représentation ; ces aides-machinistes seront nommés par l'Administration sur la présentation du machiniste-chef ; ils auront une ceinture uniforme destinée à les faire reconnaître ;

le payement de ces aides-machinistes reste à la charge du Directeur, si des répétitions pour décors étaient nécessaires, les frais des aides seraient à la charge du Directeur.

Article 20.

Spectacles autres que lyriques et dramatiques.

Les spectacles autres que lyriques et dramatiques doivent être autorisés spécialement.

Le Théâtre étant spécialement destiné aux représentations lyriques et dramatiques, le concessionnaire ne pourra y produire de spectacles d'autres genres, danseurs, acrobates, physiciens, etc... sans avoir obtenu l'autorisation de l'Administration municipale.

Le Directeur sera autorisé à emmener sa Troupe deux fois par mois en excursion ; sous la condition que l'excursion n'aura pas lieu la veille d'une représentation donnée au Mans.

Article 21.

Bals masqués.

En raison des dommages que les bals masqués occasionnent au mobilier et à la décoration de la Salle de spectacle, le Directeur ne pourra en organiser au Théâtre qu'après avoir obtenu l'autorisation par écrit de l'Administration municipale.

Cette autorisation lui sera toujours accordée le Dimanche et le Mardi-gras.

Pour chacun de ces bals, pour tous ceux qui pourraient être autorisés par l'Administration, le Directeur versera une somme de 2 francs par pompier de garde à la Caisse de Secours de la compagnie de Sapeurs-pompiers.

Article 22.

Droit des pauvres.

En ce qui concerne le droit des pauvres que la loi met à sa charge, il aura à s'entendre avec qui de droit pour en régler l'acquittement.

Article 23.

Cautionnement

Aussitôt après avoir obtenu l'agrément de l'Administration municipale pour la concession de la Direction du Théâtre, le

Directeur devra verser à la Caisse du Receveur municipal une somme de 4,000 francs à titre de cautionnement.

Ce cautionnement pourra être versé en rentes sur l'État ou Bons du Trésor.

Article 24.

Sous les réserves ainsi faites, le cautionnement sera restitué au Concessionnaire à l'expiration de son privilège.

Toutefois, si pour une cause quelconque, le Concessionnaire abandonnait volontairement son entreprise au cours du privilège sans faire agréer par l'Administration un successeur qui acceptât toutes les charges à sa place, le cautionnement par lui déposé et les intérêts alors dûs deviendraient la propriété de la Ville sans préjudice de tous autres dommages et intérêts s'il y a lieu. En cas de décès du Directeur, la Ville pourra résilier le Traité ou obliger les héritiers du Directeur décédé à continuer le Traité jusqu'à la fin et sans indemnité. Du reste, le cautionnement est spécialement affecté à l'exécution de toutes les obligations du Directeur même, en cas d'insuffisance de la subvention, au payement des appointements des artistes après toutefois payement des sommes dues à la Ville.

Perte du cautionnement en cas d'abandon de l'entreprise.

Article 25.

En considération des obligations imposées au Directeur par le présent Cahier des charges et sous la condition expresse qu'il en remplira toutes les clauses, la Ville lui accorde une subvention annuelle de 18,000 francs.

Subvention.

MODE DE PAIEMENT

Cette subvention sera divisée en deux parties, savoir :

Dix mille francs pour la Saison d'hiver dont la durée maximum ne pourra excéder six mois. A partir du second mois, cette somme sera versée mensuellement sur la justification que les traitements dûs par le Directeur auront été acquittés par lui.

Et huit mille francs pour la Saison d'opéra, cette somme sera payée en deux portions égales, l'une au milieu, l'autre vers la fin de la Saison.

Chacun des payements sera fait sous la déduction des amendes ou retenues qui auront été mises à la charge du Directeur.

Article 26.

Durée de l'année théâtrale.

Le Théâtre ouvrira le 1ᵉʳ Octobre et clôturera deux mois après Pâques.

SAISON D'HIVER

Du 1ᵉʳ Octobre au Dimanche des Rameaux exclusivement, le Théâtre sera desservi par une Troupe d'opérette, drame, comédie et vaudeville.

SAISON D'ÉTÉ

Pendant deux mois, à partir du jour de Pâques, le Théâtre sera desservi par une Troupe d'opéra-comique, de grand opéra ou traduction ou opérette. L'opérette sera jouée comme lever de rideau.

Le Directeur devra donner au minimum vingt représentations, dont six de grand opéra ou traduction, parmi lesquelles deux ouvrages nécessitant le concours d'une forte chanteuse.

Il devra en outre monter des ouvrages (opéra-comique, grand opéra ou traduction) n'ayant pas été joués sur notre scène depuis plusieurs années.

Le Directeur sera tenu d'avoir de très bons acteurs pour chacune des deux Troupes.

Article 27.

Jours ordinaires des représentations.

Il devra être donné deux représentations par semaine, abonnements courant les dimanches et les jeudis.

Toutefois le Directeur est autorisé à jouer trois fois par semaine mais seulement jusqu'à concurrence des cent représentations portées au Budget.

Les représentations du Jeudi et du Dimanche ne pourront être supprimées par relâche qu'avec l'autorisation de l'Administration municipale sous peine contre le Directeur d'une amende de 300 francs pour le dimanche et de 100 francs pour les autres jours.

Pendant la semaine, le spectacle commencera à 7 heures 1/2 au plus tôt pour finir à minuit au plus tard ; les dimanches et fêtes il commencera à 7 heures au plus tôt pour finir à minuit et demie au plus tard.

Article 28.

Il devra se conformer pour les affiches, annonces ou insertions à ce qui est prescrit par l'article 34 du règlement de police du 24 mai 1852.

Affiches.

Article 29.

Le Directeur soumettra à l'autorité, pour être approuvé, le répertoire des pièces qu'il se propose de jouer et les brochures qui n'auraient pas encore été représentées ou qui ne seraient pas portées sur le répertoire.

Copie dudit répertoire sera déposé à la Mairie et justification devra être faite de l'approbation des ouvrages nouveaux avant qu'ils puissent être annoncés et représentés ainsi qu'il est prescrit par le décret du 6 janvier 1864.

Du reste, le Directeur devra se soumettre à tous règlements prescrits par l'Autorité supérieure.

Répertoire.

Article 30.

L'Administration rappelle au Directeur que le prix des places est ainsi fixé :

Prix des Places.

Pour l'Opéra

Fauteuils d'orchestre.	3 f. 50
Stalles d'orchestre.	3 »
Premières loges de face.	4 »
Premières loges.	3 50

Secondes loges de face et avant-scènes des
   Secondes . . . . 2 f. 50
Secondes loges de côté 1 50
Troisièmes 0 75
Baignoires de face 2 50
Baignoires de côté 1 50
Parterre 1 25

Pour le Drame

Fauteuils d'orchestre . . . . 3 f. »
Stalles d'orchestre . . . . 2 »
Premières de face 3 50
Premières loges . . . . 3 »
Secondes loges de face . . . . 2 »
Secondes loges de côté 1 50
Troisièmes 0 75
Baignoires de face 2 50
Baignoires de côté 1 50
Parterre 1 25

Les prix ci-dessus ne pourront subir de modifications en
plus ou en moins sans le consentement de l'Administration
municipale.

Les dames sont admises à toutes les places indistinctement.

Article 31.

Places en location.

Il sera payé 25 centimes en sus des prix fixés pour chaque
place de Première, d'Orchestre ou Loges grillées retenue en
location et 10 centimes pour les autres places.

Cette location se fera suivant les prescriptions de l'article 47
du règlement de 1852. Les deux places de devant ne pourront
être refusées aux personnes qui se présenteront les premières
pour les retenir.

Il est expressément interdit au Directeur de faire distribuer
aux bureaux de location ou autrement un nombre de billets
supérieur à celui des places de loges que contient la Salle.

Dans les cas extraordinaires, le Directeur pourra faire disposer des places dans l'orchestre, s'il n'est pas besoin de musiciens.

Article 32.

Le Directeur devra délivrer des abonnements à toutes les personnes qui en feront la demande.

L'abonnement se fera au mois ou à l'année.

Le prix de l'abonnement est ainsi fixé :

Si la place est réservée, l'abonné payera pour chaque représentation 50 centimes de moins par place que si elle était prise au bureau pour les Premières, Orchestre, Loges grillées et Secondes de face.

Si la place n'est pas réservée, l'abonné payera 75 centimes de moins par place que si elle était prise au bureau pour les mêmes places.

Les abonnements pour toutes autres places seront fixés amiablement entre le Directeur et ceux qui demanderaient un abonnement pour ces places secondaires.

Abonnements.

Article 33.

Les abonnements ne pourront être suspendus que dans le cas où des acteurs étrangers seraient appelés à donner des représentations et sous la réserve de l'autorisation préalable du Maire.

Abonnements.

Article 34.

Quinze jours au moins avant l'ouverture du Théâtre, le Directeur devra remettre à l'Administration municipale le tableau complet de sa Troupe et lui adresser un état certifié des appointements de tous ses pensionnaires, avec une copie certifiée des traités dont l'Administration aura toujours le droit de se faire présenter la minute. Il devra en outre déclarer que ces chiffres sont sincères et ne sont modifiés par aucune contre-lettre ; sous aucun prétexte le Directeur ne pourra insérer dans les engagements de ses artistes aucune clause lui permettant de mettre ses artistes en société.

Remise à la Mairie de l'état de la troupe.

Le Directeur ne pourra non plus sous son nom ou sous un nom supposé diriger un autre Théâtre que celui du Mans.

Article 35.

Orchestre.

Il devra également quinze jours au moins avant le commencement des représentations de chaque Troupe remettre à la Mairie l'état indiquant la composition de son orchestre accompagné d'un état nominatif des musiciens indiquant exactement le chiffre des appointements payés.

Article 36.

Orchestre. Composition.

Le Directeur demeure chargé de composer son orchestre dont le cadre demeure ainsi fixé, savoir :

1° *Pour l'Opéra Comique*

Trois premiers violons, trois seconds violons, deux contre-basses, deux cornets à pistons, quatre cors, trois trombones, un timbalier, deux clarinettes, deux flûtes, deux hautbois, deux violoncelles, deux altos, deux bassons, une grosse caisse, cymbales, triangle et caisse claire.

2° *Pour l'Opéra*

La composition sera la même que ci-dessus, mais avec adjonction d'un quatrième premier violon.

3° *Pour l'Opérette*

Trois premiers violons, deux seconds violons, un alto, un violoncelle, une contrebasse, une clarinette, un basson, deux flûtes, deux cors, deux pistons, un trombone, un hautbois, un timbalier, cymbales, grosse caisse et triangle.

Pour le drame, comédie et vaudeville, le Directeur composera son orchestre ainsi qu'il l'entendra.

L'Administration, en cas d'impossibilité dont elle sera seule juge, pourra toujours dispenser le Directeur de fournir momentanément certains des instruments compris dans les cadres ci-dessus.

Article 37.

La Troupe de comédie, drame, vaudeville et opérette sera composée ainsi qu'il suit :

HOMMES.	FEMMES.
1er Rôle en tous genres.	1er Rôle en tous genres.
Jeune 1er Rôle.	Grande Coquette.
1er Amoureux.	Jeune 1er Rôle.
2e Amoureux.	Jeune première, 1er Ingénuité.
Père noble.	1re Amoureuse.
3e Rôle.	2e Amoureuse.
Grand 1er Comique en tous genres.	Soubrette Déjazet.
1er Comique jeune.	2e Soubrette.
2e Comique jeune.	Jeune Coquette.
Comique grime.	Duègne. Mère noble.
Rôle de convenance.	2 Utilités.
2 Utilités.	

Le cadre ci-dessus doit comprendre les artistes nécessaires pour chanter l'opérette et ayant les qualités voulues ; le Directeur devra dans tous les cas pour chanter l'opérette présenter un 1er ténor, un baryton, une 1re chanteuse et une 2e chanteuse ; ces artistes pourront figurer à la fois sur le tableau de Troupe de drame, comédie, vaudeville et sur celui d'opérette, mais ils seront dans ce cas soumis à de doubles débuts et devront être admis pour chacun de leurs emplois.

Les chœurs seront chantés par six hommes et six femmes.

Pendant la saison d'opérette il devra être donné au moins douze représentations de grandes opérettes et douze représentations d'opérettes en un acte.

Article 38.

Composition
de
la troupe d'Opéra.

La Troupe d'opéra devra être composée ainsi qu'il suit :

HOMMES.	FEMMES.
Un 1er Ténor.	1re Chanteuse légère.
Un 2e Ténor.	1re Dugazon.
Un 3e Ténor.	2e Dugazon.
Baryton.	Mère Dugazon. Duègne.
Trial.	
1re Basse.	
2e Basse.	
Laruette.	

Les chœurs seront composés au minimum de huit hommes ténors ou basses et de huit femmes, 1res ou 2e dessus.

Chaque partie ne pourra être tenue par moins de deux personnes.

Aucun des artistes occupant les emplois ci-dessus énumérés dans la Troupe d'opéra ne pourra être compté comme choriste.

Si le Directeur voulait jouer ou remplir un emploi quelconque dans l'une des Troupes, il ne pourra le faire qu'après s'être soumis aux débuts.

Article 39.

Débuts.

Jusqu'à ce qu'il en ait été ordonné autrement, les artistes portés au tableau de Troupe soumis aux débuts seront reçus ainsi qu'il est dit en l'article 31 de l'arrêté du 24 mai 1852, c'est-à-dire que, lorsque après avoir paru dans trois pièces un artiste sera mal accueilli du public, le Directeur pourvoira immédiatement à son remplacement.

Le Directeur devra pourvoir à ses frais au retour à Paris des artistes congédiés, lorsque ceux-ci seront hors d'état de payer eux-même leurs frais de voyage.

L'autorité municipale est juge de la faveur ou de la défaveur témoignée par le public : avant toute décision, elle devra prendre avis d'une Commission consultative de débuts choisie au commencement de chaque saison théâtrale par le Maire au sein du Conseil. Cette Commission qui sera de sept membres pourra s'adjoindre si elle le juge bon d'autres personnes en nombre au moins égal connues par leur expérience en fait de Théâtre.

Le Directeur encourra une amende de 30 fr. par représentation pour chacun des artistes non agréés qui n'auraient pas été remplacés dans un délai de 15 jours. Si un ou plusieurs artistes appelés en remplacement de ces derniers sont également refusés, le Directeur encourra une amende de 100 fr. par représentation jusqu'à leur remplacement.

Si la troupe de grand opéra n'est pas définitivement complète lors de la onzième représentation de la saison d'été, une amende de 50 fr. par représentation et par artiste non agréé sera imposée au Directeur et retenue sur sa subvention.

Une amende de 30 fr. par représentation sera également encourue par le Directeur par chaque artiste, si la troupe n'est pas complète dans la quinzaine de l'ouverture de chaque saison théâtrale.

Article 40.

La mise en scène sera convenable et digne sous tous les rapports des ouvrages représentés.

Tout rappel à l'ordre adressé à M. le Directeur et qui ne serait pas immédiatement suivi d'effet donnera lieu à une amende de 10 à 50 francs.

Mise en scène.

Article 41.

L'Administration se réserve, s'il y avait lieu, de faire acquitter directement sur le cautionnement ou sur la subvention, les appointements des artistes ou ceux de l'orchestre. Le payement se fera par l'Administration directement sans le concours du Directeur après simple mise en demeure ; l'Administration restera seule juge de toutes difficultés.

*Réserve
relative au payement
des Artistes.*

Toutefois, ainsi qu'il a été dit, les appointements des artistes et ceux de l'orchestre ne seront payés qu'après les sommes et dommages dûs à la Ville par le Directeur pour inexécution de ses engagements.

Article 42.

Personnel de service.

Le nombre de personnes nécessaires au bon et prompt service d'une représentation dans la salle de spectacle du Mans est fixé de la manière suivante :

Bureau de distribution	2 hommes
Contrôle	2 hommes
Rez-de-chaussée, Baignoires	2 femmes
Parterre	2 hommes
Stalles d'orchestre	2 femmes
Premières	3 femmes
Secondes	3 femmes

Les Directeurs pourront choisir ces employés, mais ce choix sera toujours soumis à l'Administration municipale.

Article 43.

Lois, décrets, arrêtés et réglements locaux.

Indépendamment des conditions particulières insérées au présent Cahier des charges, le concessionnaire sera tenu de se conformer aux lois, décrets, ordonnances, arrêtés et réglements généraux sur la police des Théâtres.

Il se soumettra en outre aux arrêtés et règlements particuliers de l'autorité locale et de l'Administration en tout ce qu'ils n'ont pas de contraire au présent à peine de 10 fr. d'amende pour chaque infraction.

Article 44.

Droits de timbre et d'enregistrement

Le Concessionnaire acquittera les droits de timbre, d'enregistrement et autres auxquels pourra donner lieu le traité qu'il aura passé à l'occasion des présents avec l'Administration municipale.

Il s'engage en outre à payer les frais d'impression ou autographie de cent exemplaires du présent Cahier des charges qui resteront à la disposition de l'Administration municipale.

Le payement de la patente sera en outre à sa charge.

Article 45.

Toutes les contraventions aux prescriptions du présent Cahier des charges qui ne sont point punies d'amendes spéciales, seront frappées par l'Administration municipale d'une retenue sur la subvention qui pour chacune d'elles ne pourra excéder 100 fr. ni être inférieure à 10 francs.

Contraventions non prévues.

Article 46.

Les promesses faites au public par le Directeur soit dans ses prospectus, soit de toute autre manière seront obligatoires comme toutes les clauses du présent traité et leur infraction sera punie par une retenue sur la subvention qui sera fixée par l'Autorité municipale et qui ne pourra être moindre de 10 fr. ni excéder 50 francs.

Les cas de force majeure ou indépendants de la volonté du Directeur sont exceptés ; l'Administration sera juge de ces cas.

Promesses faites au public.

Article 47.

Toute infraction de quelque nature qu'elle soit sera suffisamment constatée par un procès-verbal ou un rapport du Commissaire de police. Ce procès-verbal ou rapport sera communiqué au Directeur avant qu'il soit statué par l'Administration municipale. Toutefois le Maire pourra d'office dénoncer au Directeur les plaintes et contraventions dont il aurait eu connaissance personnelle et lui faire l'application spontanée des clauses pénales résultant du présent Cahier des charges.

Constatation des infractions et contraventions.

Nul recours ne sera admis contre la décision prise par M. le Maire.

Fait et arrêté au Mans, le dix-neuf mai mil huit cent quatre-vingt-un.

Le Maire,

L.-A. CORDELET.

Vu et approuvé conformément à la délibération du Conseil municipal du 20 mai et à ma décision de ce jour.

Au Mans, le   juin 1881.

Le Préfet,

A. CHAPRON.

TABLE

PAGES

LE MANS. — IMPRIMERIE EDMOND MONNOYER, IMPRIMEUR DE LA MAIRIE.

9 782329 248264